Éric Battut

W0270383

Théo va chez le docteur

bayard jeunesse

Tu vas bien, Théo ? Non, Théo ne va pas bien.

Théo a mal, très mal…

Vite, chez le docteur !
Un bonnet, une écharpe… Théo ne doit pas avoir froid.

Le docteur habite à l’autre bout de la ville.
Sur la route, le bus roule, roule, roule.

Théo, lui, regarde par la fenêtre.

Enfin, Théo arrive chez le docteur.
DING ! DONG !
Il a un peu peur.

Le docteur est très occupé.
Il faut l'attendre sur un banc, longtemps.
La porte s'ouvre.
Une petite fille et sa poupée entrent.
« Que se passe-t-il de l'autre côté ? » se demande Théo.

Théo attend encore sur le banc, longtemps.

Il regarde un escargot qui monte,
qui monte sur la plante.

La petite fille et sa poupée sortent enfin,
main dans la main. Elles sourient.

Elles sont contentes.
C'est au tour de Théo, maintenant.

Théo entre dans le cabinet du docteur.

– Bonjour, mon petit ! dit le docteur.

Théo s’assoit sur le tabouret.

– Ce n’est presque rien, dit le docteur.
Je vais tout arranger et tu iras beaucoup mieux après.

Avec du fil bleu et une aiguille,
le docteur répare la patte de Théo.

Le docteur ne fait pas mal du tout,
il est vraiment très gentil.

Et voilà, Théo n'a plus mal du tout.

Il repart très content, en disant :
– Au revoir, Docteur !
Vous savez, je n'ai même pas eu peur !

Dans la collection Les Belles HISTOIRES des tout-petits

G. Bigot • J. Goffin

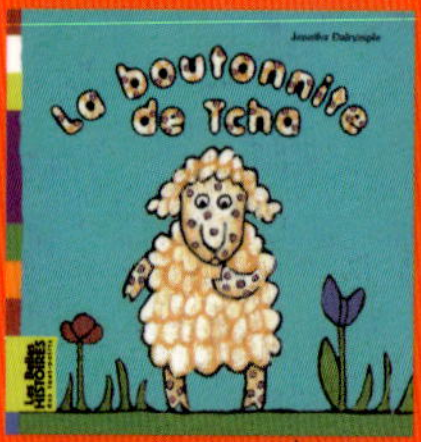

J. Dalrymple

J. Ashbé

S. Poillevé • N. Rouvière

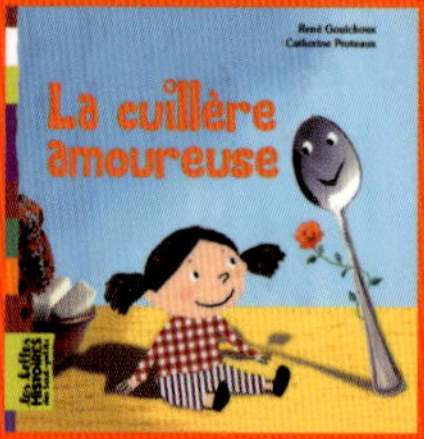

R. Gouichoux • C. Proteaux

S. Poillevé • É. Battut

É. Battut

G. Bigot • M.L. Gaudrat

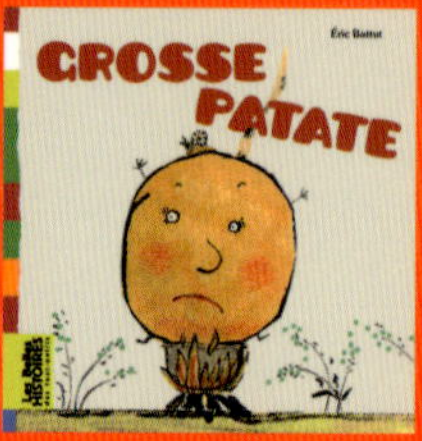

É. Battut

G. Bigot • M.L. Gaudrat

J.F. Rosell • B. Giacobbe

C. Voltz

M. Zagarriga • C. Hansen

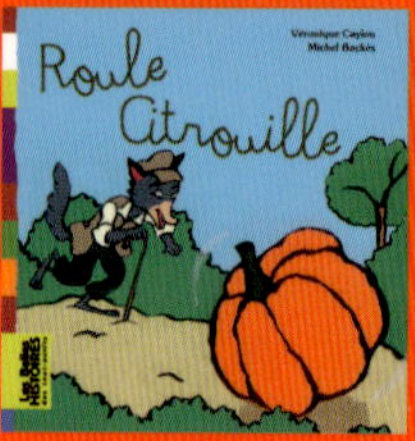

V. Caylou • M. Backès

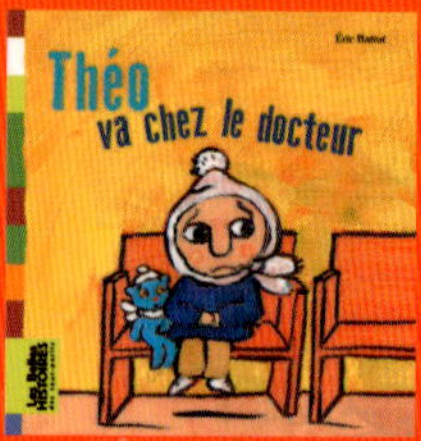

É. Battut

D. Zanon • R. Dunlavey